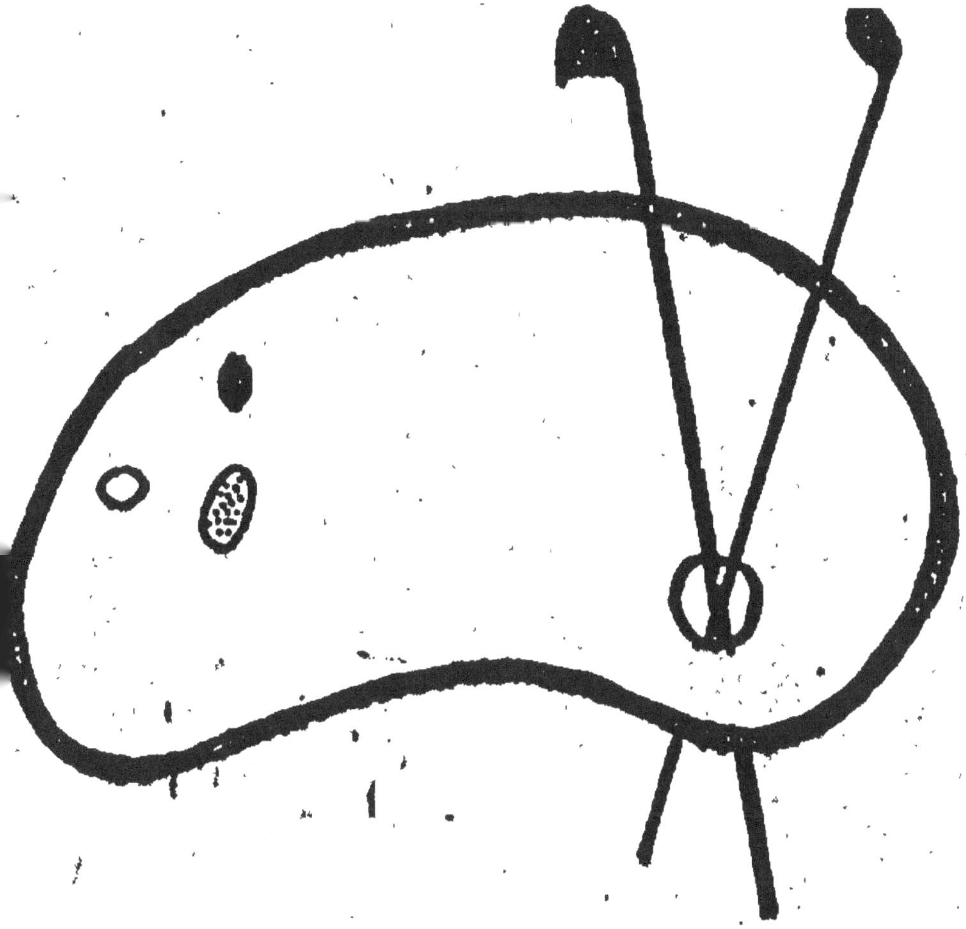

DEBUT D'UNE SERIE DE DOCUMENTS
EN COULEUR

ARNAUD DÉTROYAT

—

FONDATION DE BAYONNE

PAR ASTYANAX

BAYONNE
IMPRIMERIE A. LAMAIGNÈRE, RUE JACQUES LAFFITTE, 9

—

1896

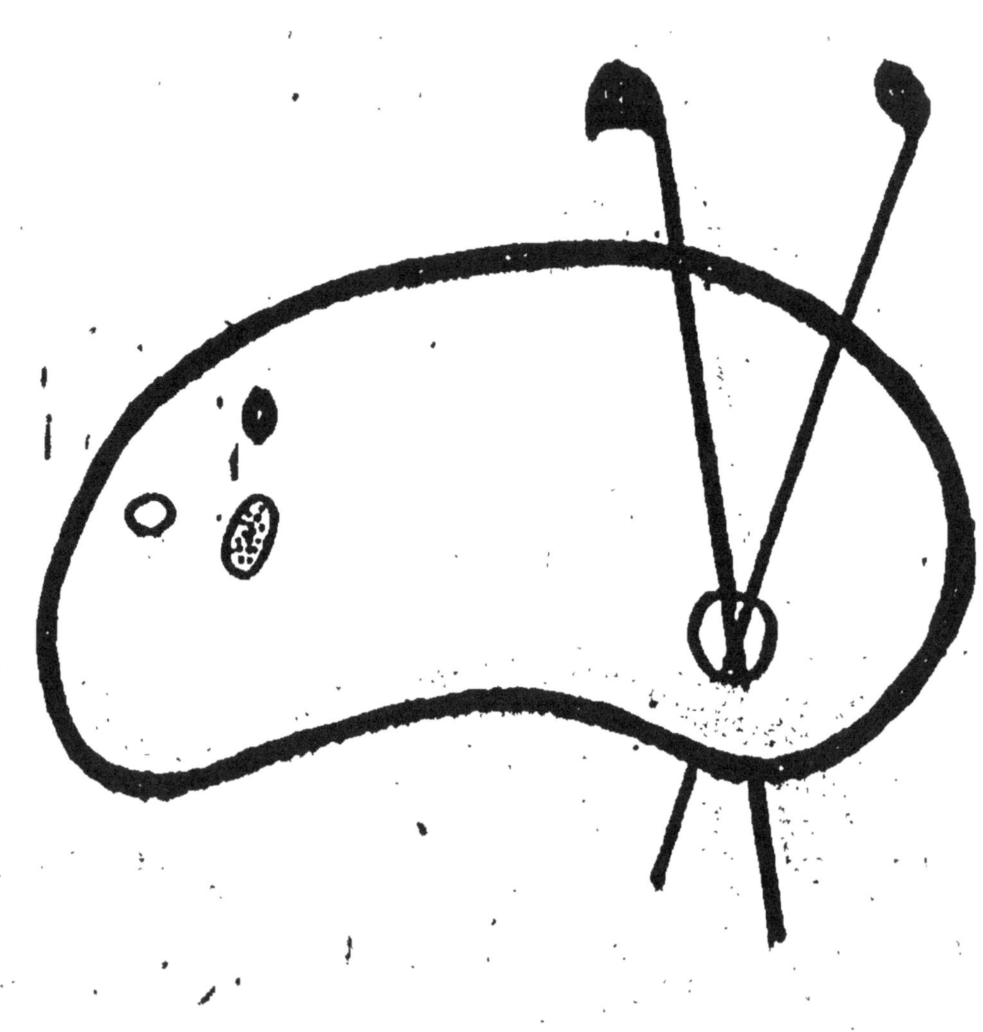

FIN D'UNE SERIE DE DOCUMENTS
EN COULEUR

FONDATION DE BAYONNE PAR ASTYANAX

Vous avez bien entendu, Messieurs, par Astyanax,
« le Hectoréide bien-aimé, semblable à une belle étoile »
qu'Homère représente « se jetant dans le sein de sa nour-
rice à la belle ceinture, épouvanté du terrible panache de
son père » (1), qu'Euripide fait mourir « précipité des
hautes tours de Troie » (2), mais que Racine ressuscite
pour la plus grande admiration des lecteurs d'*Andromaque*.

Je vous vois sourire et je devine que vous me taxez
d'imprudence pour oser vous présenter une thèse aussi
aventurée. Remonter aux Romains, passe encore, mais
aller jusqu'aux Troyens, cette peuplade qu'avant les dé-
couvertes de Schliemann on croyait à peu près mytholo-
gique, vous paraît par trop déraisonnable.

Et puis, vous ne l'avez vu revendiquer nulle part, cette
origine préhistorique : pas plus dans les annalistes de la
Renaissance que chez les modernes historiens de Bayonne.
Les annalistes, vous le savez, glosent avant tout sur la
question que le savant auteur de l'étude sur sainte Eurosie
remettait naguère sur le tapis : Bayonne est-elle la *Civitas
Boïatium* de la *Notitia* du IV° siècle ? Scaliger et Marca sont
pour l'affirmative ; Oyhénart pour la négative. D'après
André Favyn (3), Bayonne aurait été fondée par une colo-

(1) *Iliade*, Livre VI, traduction Leconte de Lisle.
(2) Euripide, *Andromakhé*, traduction Leconte de Lisle.
(3) André Favyn, *Histoire de Navarre*, page 63.

nie de Bourbonnois! Ni les uns ni les autres ne parlent des Troyens et d'Astyanax.

Les historiens modernes de Bayonne n'en soufflent mot non plus : Mascin dans son *Essai historique*, Baylac dans sa *Nouvelle Chronique*, Morel dans ses *Vues historiques et descriptives*, Balasque et Dulaurens dans leurs savantes *Études*, et plus récemment M. Poydenot, M. Laborde, M. Ducéré, gardent le silence sur ce titre de noblesse reculée. Mais alors, me direz-vous, sur quoi vous appuyez-vous pour lancer une nouveauté semblable ?

Mon auteur, Messieurs, c'est Palma Cayet, et c'est son livre l'*Heptameron de la Navarride* ou *Histoire entière du Royaume de Navarre depuis le commencement du monde*, poëme de 24,000 vers, qui cache cette piquante révélation.

Pas plus de Palma Cayet que de la *Navarride* vous n'avez guère, je pense, entendu parler? Permettez-moi de vous les faire connaître.

Palma Cayet ou M. de la Palme (c'est ainsi qu'il a signé la *Navarride*) (1), né en 1525 à Montrichard, en Touraine, de parents catholiques, est un érudit, élève de Ramus, qui se fit de la religion comme son maître, devint pasteur après ses études à Genève, puis rentra dans le giron sur le tard et, docteur en théologie, fut ordonné prêtre à l'âge de 70 ans. Attiré dans le Béarn par les Huguenots, il y était devenu prédicateur de Catherine de Bourbon. Il suivit Henri IV à Paris et y termina sa carrière lecteur du Roy, chronologue de France et professeur de langues orientales au collége de Navarre. Il est l'auteur d'opuscules de controverse et de deux ouvrages estimés, la *Chronologie Novennaire* et la *Chronologie Septennaire, Histoire des*

—————

(1) Biographie Michaud, article Palma Cayet.

choses mémorables advenues, la première, depuis le commencement du règne d'Henri IV jusqu'à la paix de Vervins, la seconde, depuis 1598 jusqu'à la fin de 1604.

C'est pour célébrer la gloire d'Henri IV que Palma Cayet composa la *Navarride*. Il était à Pau en 1584 auprès de la princesse Catherine, s'exerçant, dit-il dans sa dédicace (1), « à voir pour lui rendre service les antiquités du royaume de Navarre, lorsqu'il lui tomba dans les mains une Histoire Hespagnolle sur iceluy composée en fort beau langage par l'Infant Dom Charles ». Ce Dom Charles est ce prince de Viane, fils de Jean d'Aragon, que M. Desdevizes du Dézert, dans la remarquable étude qu'il lui a consacrée (2), appelle le dernier souverain national de la Navarre. Il composa en effet, vers 1453, une *Chronique de Navarre* qui, du temps d'André Favyn en 1612, n'avait pas encore été imprimée (3), et qui l'a été seulement en 1843 à Pampelune par les soins de José Yanguas y Miranda. M. Boissonnade ne la cite pas cependant dans l'introduction de son *Histoire de la réunion de la Navarre à la Castille,* où la bibliographie de ses sources est traitée d'une façon si étendue et si consciencieuse.

Dès 1587, après la bataille de Coutras, Palma Cayet présenta à Pau au vainqueur de Joyeuse une traduction de cette histoire en vers latins et français; mais la soi-disant traduction en français ne fut publiée qu'en 1602, imprimée et vendue par Pierre Portier, marchand libraire à Paris, rue Saint-Jean-de-Latran. « *A présent* », dit-il dans

(1) *L'Heptameron de la Navarride.*

(2) *Dom Carlos d'Aragon, prince de Viane,* par M. G. Desdevises du Dézert, Paris, 1889.

(3) *Cette histoire n'est imprimée, mais seulement s'en trouvent quelques fragments que j'ai vus étant à Saragosse en Espagne.* (Histoire de Navarre, page 581).

sa dédicace à Henri IV, « *après l'avoir diligemment revue et augmentée des succès admirables qu'il a plu à Dieu de vous donner, sûr de la pleine confiance de votre bonté royale, j'ai pris la hardiesse de la dédier à Votre Majesté Très Chrétienne quant au français pour le présent, les vers latins à la première opportunité pour la dévotion très humble de votre servieur* ».

Il faut croire que l'opportunité ne se présenta pas, car la *Navarride* en latin ne nous est pas parvenue. Tel qu'il est en français, ce poème, que M. Boissonnade qualifie d'insipide, n'a pas moins de sept livres et de quarante-neuf chants. Il est précédé de dédicaces en français et en latin, en vers et en prose, au Roy, à Madame la Princesse de Navarre, aux Estats de Béarn, au comté de Foix, au comté de Bigorre, au duché d'Albret, au duché de Vendosmois. Il est enrichi d'un sonnet de Du Bartas, daté de *Navarrins dans le Béarn après la bataille de Coutras*, d'épigrammes et d'acrostiches en latin, en grec, en hébreu, et d'un *quadrain* dont vous savourerez la réserve :

> Le ciel ayant destiné
> Achil' Roy de nostre France,
> Pour descrire sa vaillance
> A faict qu'Homère soit né.

Je ne vous engage pas à lire la *Navarride*, et, pour vous en détourner, qu'il me suffise de vous dire que, comme la plaidoirie de l'Intimé, elle débute au premier âge du monde et, sans oublier le déluge, mène le patient..... jusqu'au Colloque de Poissy.

C'est quand il arrive aux origines de l'illustre famille de Gramont que le sieur de la Palme s'exprime ainsi (1) :

(1) *L'Heptameron de la Navarride*, page 189.

Dom Arnaldo fut le premier d'iceux,
Dit Dagramon qui commandait entr'eux,
Qui descendu du noble sang de Troye,
Enfant d'Hector quoiqu'autrement on voye
Aux poètes : lorsque pour favoriser
Le traître Enée a osé déguiser
Toute l'histoire et fait mort qui eut vie.
Maugré le Grec et sa maudite envie,
Le Petit Duc de Troye Astyanax,
Le fils d'Hector, étant vénu vers Dax,
Comme chacun des Troyens en tel'heure,
Cherchait au mieux qu'il pouvait sa demeure,
Tint le pays que l'on dit de Labour,
Bastit Bayonne et vironnant autour,
Se fit seigneur de la plupart des terres
Du voisinage au moyen de ses guerres.

N'est-ce pas étrange, et ne vous demandez-vous pas comment un auteur sensé, un historien à brevet, a pu se livrer sérieusement à pareille élucubration et la publier avec privilège du Roy ?

Je vous réponds : C'était le goût du temps, et je vais vous montrer que Palma Cayet n'a fait, au bout du compte, qu'imiter un de nos plus grands maîtres en poésie et que suivre ses théories.

La *Navarride*, vous disais-je, a été composée en 1587. Quelques années auparavant, en 1572, Ronsard avait fait paraître sa *Franciade*. La *Franciade*, voilà le prototype de la *Navarride*, et pour sa *Franciade*, Ronsard, vous le devinez, avait pris pour modèle l'*Iliade* ou plutôt l'*Enéide*. Comme l'*Iliade*, la *Franciade* devait avoir vingt-quatre chants. Ronsard ne publia que les quatre premiers, et, reculant devant une tâche qu'il appelle lui-même laborieuse, il se tira ingénieusement d'affaire par le quatrain suivant :

Si le Roy Charles eût vécu,
J'eusse achevé ce bel ouvrage ;
Si tost que la mort l'eut vaincu,
La mort me vainquit le courage.

Et s'il parlait ainsi de Charles IX, c'est que, modestement ou en courtisan émérite, il avait placé au frontispice de son poème cet autre quatrain :

Tu n'as, Ronsard, composé cet ouvrage ;
Il est forgé d'une royale main ;
Charles savant, victorieux et sage,
En est l'auteur, tu n'es que l'écrivain.

Pas plus que la *Navarride*, je ne vous engage à lire la *Franciade*. Ce poème est l'erreur d'un grand poète. Sainte-Beuve lui-même, le héraut de la *Pléiade* a jugé oiseux d'en donner des extraits dans le *Recueil des meilleures poésies* de son cher et grand Ronsard, qui forme le second volume de son *Tableau de la Poésie française au XVIe siècle*. Sans doute, le dessein était beau de doter la France du poème épique qui lui manquait ; mais il fallait trouver autre chose que « cette suite mal tissue, que cette mosaïque laborieuse de tous les lieux communs épiques de l'antiquité » (1), que ce pastiche ininterrompu de tous les épisodes virgiliens. « On ne voit guère, dit M. Faguet (2), comment la *Franciade* aurait pu continuer, Ronsard ayant déjà versé à peu près toute l'*Enéide* dans les quatre chants de la *Franciade* qu'il a écrits ».

(1) Sainte-Beuve, *Tableau*, 2e volume, p. 180.
(2) Emile Faguet, *Seizième siècle*, p. 233.

Mais si je n'insiste pas sur le poëme, j'appelle votre attention sur les préfaces ; il y en a deux. Nous y trouverons la justification ingénue des audacieuses inventions de Palma Cayet.

Voici un passage de la première :

« J'ai patronné mon œuvre (dont ces quatre premiers livres te serviront d'échantillon) plutôt sur la naïve facilité d'Homère, que sur la curieuse diligence de Virgile, imitant toutefois, de mon possible, de l'un et de l'autre l'artifice et l'argument plus basti sur la vraysemblance que sur la vérité..... Suivant ces deux grands personnages, j'ai fait le semblable, car, voyant que le peuple français tient pour chose très assurée, suivant les Annales, que Francion, fils d'Hector, suivi d'une compagnie de Troyens, après le sac de Troie, aborda aux Palus Méotides et de là plus avant en Hongrie, j'ai allongé la toile et l'ai fait venir en Franconie, à laquelle il donna son nom, puis en Gaule fonder Paris en l'honneur de son oncle Pâris. Or, il est vraysemblable que Francion a fait un tel voyage d'autant qu'il le pouvait faire, et sur ce fondement de vraysemblance, j'ai basti ma *Franciade* de son nom ».

Et dans la seconde :

« Or, imitant ces deux lumières de poésie, fondé et appuyé sur nos vieilles annales, j'ai basti ma *Franciade* sans me soucier si cela est vray ou faux, si nos Roys sont Troyens ou Germains, Scythes ou Arabes, si Francus est venu en France ou non, car il y pouvait venir, me servant du possible et non de la vérité ».

Palma Cayet a suivi ce bel exemple. Francus, c'est-à-dire Astyanax de son autre nom, ayant pu venir en Gaule, a bien pu pousser jusqu'aux Pyrénées ; ayant pu fonder Paris, il a, aussi bien, pu fonder Bayonne.

Vous avez remarqué cette allusion deux fois répétée à nos vieilles annales, allusion que vous retrouveriez dans la seconde préface d'*Andromaque* (1). Une vieille tradition donnait, en effet, aux Francs le même berceau qu'aux descendants du Père Enée en les faisant remonter au siège de Troie par Francus, fils d'Hector. Cette tradition était même connue à Rome du temps des Empereurs, car nous voyons Lucain s'en étonner dans ces vers de la *Pharsale* :

> *Arvernique ausi Latio se fingere fratres*
> *Sanguine ab Iliaco populi*

et Ammien Marcellin la reproduire dans son histoire (2).

Rien de plus naturel qu'elle ait trouvé de l'écho chez nos premiers chroniqueurs. Grégoire de Tours, par exception, n'en a tenu aucun compte, et il y avait du mérite, puisque son *Histoire ecclésiastique des Francs* remonte aux premiers âges du monde. Dom Ruinart le loue hautement de cette réserve (3). Mais, Grégoire de Tours excepté, il est peu de nos anciens chroniqueurs qui n'aient fait de cette vieille tradition le point de départ de leur récit.

Ouvrez les *Grandes Chroniques de Saint-Denis*, la *Chronica Regum Francorum*, les *Gesta Regum Francorum*, la *Chronique de Moissac*, les *Chroniques* des moines Aimoin et

(1) Celle de 1676.

(2) *Aiunt quidam paucos post excidium Trojæ fugitantes Græcos ubique dispersos loca hæc occupasse tunc vacua.* (Ammien Marcellin, dans le Recueil des Historiens des Gaules et de la France).

(3) *In hoc quoque laude dignus quod Francorum originem nullis fabulis resperserit sicuti facere qui postea subsecuti sunt Historiæ nostræ scriptores. Nihil enim habet de Trojanis profugis quos illi Francorum parentes effinxerunt.* (Dom Ruinart, préface de son édition de l'Historia Ecclesias...).

Roricon (1), ouvrez même nos historiens plus modernes, Nicolas Gilles, Jean Lemaire, Scipion Dupleix (2), chez tous vous retrouverez cette fable des origines troyennes des Francs. Tous se copiant les uns les autres, ou plutôt copiant Frédegaire qui s'appuie sur un certain Hunnibald, historien problématique, racontent le plus sérieusement du monde qu'après le sac de Troie, Francus fils d'Hector s'établit en Pannonie et devint la tige des Francs.

Jean Bouchet (3) fait mieux : il nomme les trente-quatre rois qui ont régné en Pannonie après Francus, et les vingt qui ont précédé Pharamond sur les bords du Rhin.

Ronsard était donc suffisamment autorisé à tirer de ces vieilles annales le parti que vous savez ; mais ce qui vous surprendra, c'est qu'il se soit trouvé de nos jours un poète, je veux dire un versificateur, pour ressusciter la vieille légende et reprendre la tentative où Ronsard avait échoué.

En 1863, Viennet, le dernier tenant des classiques, publia, lui aussi, une *Franciade* dont les premiers vers vous édifieront sur le fond et la forme de ce qu'il prenait pour une épopée :

> Je chante cet enfant qu'aux vengeances d'Ulysse,
> De la veuve d'Hector déroba l'artifice,
> Le jeune Astyanax qui, des flammes sauvé,
> Sous le nom de Francus dans l'Épire élevé,
> Fuyant de ses vainqueurs l'inflexible colère,
> Aborda des Gaulois la rive hospitalière,
> Fit aux champs de Lutèce admirer sa valeur,
> Et des Francs nos ayeux fut le premier auteur.

(1) Toutes ces chroniques font partie du *Recueil des Historiens des Gaules et de la France*, colligé par les bénédictins de Saint-Maur, et qui vient d'être réédité sous la direction de M. Léopold Delisle. •

(2) Cités par Augustin Thierry. *Lettres sur l'histoire de France*.

(3) Cité par Viennet, préface de la *Franciade*.

Nous voilà bien loin de Palma Cayet et de la fondation de Bayonne ; mais vous avez compris, Messieurs, que mon extrait de la *Navarride* n'était qu'un prétexte pour vous parler de la *Franciade* et pour vous rappeler comment nos vieux annalistes comprenaient l'histoire. Aussi, retournant deux vers du vaudeville du *Mariage de Figaro*, vous dirai-je en terminant :

> En faveur de la raison,
> Faites grâce au badinage.

ARNAUD DÉTROYAT.

Imp. et Litho A. Lamaignère -- Bayonne -- Biarritz.

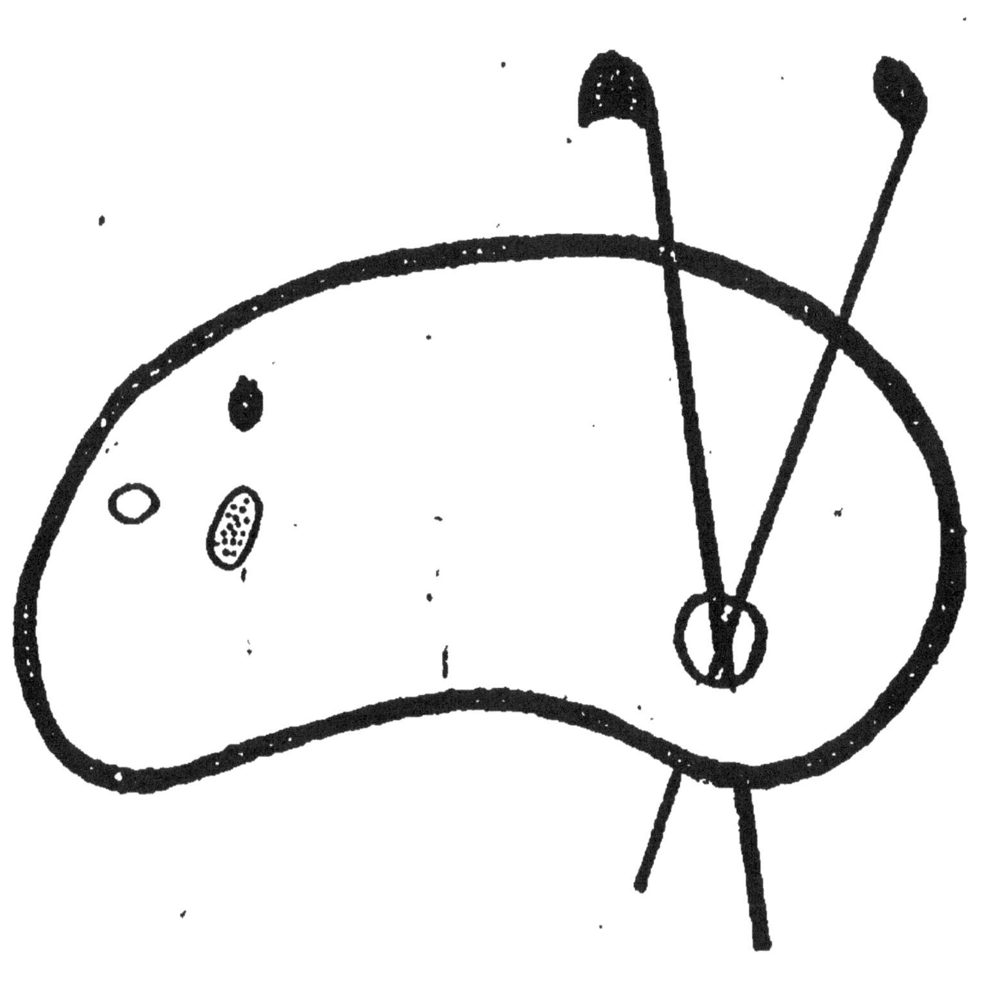